I0139984

4609

OBSERVATIONS
SVR
LE CID.

Ensemble l'excuse à ARISTE &
le RONDEAV.

BIBLIOTHEQUE ROYALE
I

A PARIS,
Au despens de l'Auteur.

M. DC. XXXVII.

(4.)

EXCVSE
A ARISTE.

E n'eſt donc pas aſſez, & de la part des Muſes,
Ariſte, c'eſt en vers qu'il vous faut des excuſes,
Et la mienne pour vous n'en plaiſt pas la façon,
Cent vers luy couſtent moins que deux mots de châſon:
Son feu ne peut agir quand il faut qu'il s'applique
Sur les fantaſques airs d'vn reſueur de Muſique,
Et que pour donner lieu de paroiſtre à ſa voix
De ſa bigearre quinte il ſe faſſedes loix,
Qu'il ait ſur chaque ton ſes rimes aiuſtées
Sur chaque tremblement ſes ſyllabes contées,
Et qu'vne froide poiute à la fin d'vn couplet
En dépit de Phebas donne à l'art vn ſouflet:
En fin ceſte priſon deſplaiſt à ſon genie,
Il ne peut rendre hommage à ceſte tyraunie,
Il ne ſe laiſſe point d'animer de beaux chants,
Et veut pour ſe produire auoir la clef des champs.

C'est lors qu'il court d'haleine, & qu'en plaine carriere
Quittant souuent la terre, en quittant la barriere,
Puis d'vn vol esleué se cachant dans les Cieux
Il rit du desespoir de tous ses enuieux.
Ce trait est vn peu vain; Ariste, ie l'auouë,
Mais faut-il s'estonner d'vn Poete qui se loüe?
Le Parnasse autrefois dans la France adoré
Faisoit pour ses mignons vn autre aage doré,
Nostre fortune enfloit du prix de nos caprices,
Et c'estoit vne Blanque à de bons benefices:
Mais elle est espuisée, & les vers à present
Aux meilleurs du mestier n'apportent que du vent,
Chacun s'en donne à l'aise & souuent se dispense
A prendre par ses mains toute sa recompense.
Nous nous aimons vn peu, c'est nostre foible à tous,
Le prix que nous valons qui le sçait mieux que nous?
Et puis la mode en est, & la Cour l'authorise,
Nous parlons de nous-mesme auec toute franchise,
La fausse humilité ne m'ait plus en credit,
Ie sçay ce que ie vaux, & croy ce qu'on m'en dit:
Pour me faire admirer ie ne fais point de ligue,
I'ay peu de voix pour moy, mais ie les ay sans brigue,
Et mon ambition pour faire plus de bruit
Ne les va point quester de Reduit en Reduit,
Mon trauail sans appuy monte sur le Theatre,
Chacun en liberté l'y blasme ou l'idolatre,
Là sans que mes amis preschent leurs sentimens
I'arrache quelquefois trop d'applaudissemens

Là content du succez que le merite donne
Par d'illustres aduis ie n'eblouys personne,
Ie satisfais ensemble & peuple & courtisans,
Et mes vers en tous lieux sont mes seuls partisans.
Par leur seule beauté ma plume est estimée
Ie ne dois qu'à moy seul toute ma renommée,
Et pense toutesfois n'auoir point de riual
A qui ie fasse tort en le traittant d'égal :
Mais insensiblement ie baille icy le change,
Et mon esprit s'égare en sa propre loüange,
Sa douceur me seduit, ie m'en laisse abuser,
Et me vante moy-mesme au lieu de m'excuser.
Reuenons aux chansons que l'amitié demande,
I'ay bruslé fort long-temps d'vne amour assez grande,
Et que iusqu'au tombeau ie dois bien estimer,
Puisque ce fut par là que i'appris à rimer :
Mon bon-heur commença quand mon ame fut prise,
Ie gaignay de la gloire en perdant ma franchise,
Charmé de deux beaux yeux, mõ vers charma la Cour,
Et ce que i'ay de nom ie le dois à l'amour.
I'adoray donc Philis, & la secrette estime
Que ce diuin esprit faisoit de nostre rime
Me fit deuenir Poete aussi-tost qu'amoureux,
Elle eut mes premiers Vers, elle eut mes derniers feux,
Et bien que maintenant cette belle inhumaine
Traite mon souuenir auec vn peu de haine,
Ie me trouue tousiours en estat de l'aimer,
Ie me sens tout émeu quand ie l'endends nommer,

Et par le doux effet d'une prompte tendresse
Mon cœur sans mon adueu recognoist sa Maistresse,
Apres beaucoup de veux & de submissions
Vn malheur rompt le cours de nos affections;
Mais toute mon amour en elle consommée,
Ie n'ay voy rien d'aimable aprés l'auoir aimée,
Aussi n'aimay-je plus, & nul objet vainqueur
N'a possedé depuis ma veine ny mon cœur.
Vous le diray-ie, amy? tant qu'ont duré nos flames
Ma Muse égallement chatoüilloit nos deux ames,
Elle auoit sur la mienne vn absolu pouuoir,
I'aimois à le descrire, elle à le receuoir:
Vne voix rauissante ainsi que son visage
La faisoit appeller le Phœnix de nostre aage,
Et souuent de sa part ie me suis veu presser
Pour auoir de ma main dequoy mieux i'exercer.
Iugez-vous mesme, Ariste, à cette douce amorce
Si mon genie estoit pour espargner sa force:
Cependant mon amour, le pere de mes vers,
Le fils du plus bel œil qui fut en l'Vniuers,
A qui desobeïr c'estoit pour moy des crimes,
Iamais en sa faueur n'en peut tirer deux rimes?
Tant mon esprit alors contre moy reuolté
En haine des chansons sembloit m'auoir quitté,
Tant ma veine se trouue aux airs mal assortie
Tant auec la Musique elle a d'Antipathie,
Tant alors de bon cœur elle renonce au iour,
Et l'amitié voudroit ce que n'a peu l'amour!

N'y pensez plus, Ariste, vne telle iniuſtice
Expoſeroit ma Muſe à ſon plus grand ſupplice,
Laiſſez-la touſiours libre agir ſuiuant ſon choix,
Ceder à ſon caprice, & s'en faire des loix.

RONDEAV.

V'il fasse mieux, ce ieune iouuencel,
A qui le Cid donne tant de martels,
Que d'entasser iniure sur iniure,
Armer de rage vne lourde imposture,
Et se cacher ainsi qu'vn criminel.
Chacun cennoist son ialoux naturel
Le montre au doigt comme vn fou solennel,
Et ne croit pas, en sa bonne escriture,
  Qu'il fasse mieux.
Paris entier ayant leu son cartel,
L'enuoye au Diable, & sa Muse au Bordel,
Moy i'ay pitié des peines qu'il endure,
Et comme amy ie le prie & coniure,
S'il veut tenir vn ouurage immortel,
  Qu'il fasse mieux.

Omnibus inuideas, liuide, nemo tibi.

OBSERVATIONS SVR LE CID

IL eſt de certaines Pieces, comme de certains animaux qui ſont
en la Nature, qui de loin ſemblent
des Etoiles, & qui de prés ne ſont
que des vermiſſeaux. Tout ce qui
brille n'eſt pas touſiours precieux,
on voit des beautez d'illuſion, comme des beautez effectiues, & ſou-
uent l'aparence du bien, ſe fait
prendre pour le bien meſme. Auſſi ne m'eſtonnay-je pas beaucoup,
que le peuple qui porte le iugement dans les yeux, ſe laiſſe trom-
per par celuy de tous les ſens, le plus
facile à deceuoir : Mais que cette va-
peur groſſiere, qui ſe forme dans le
Parterre, ait pu s'eſleuer iuſqu'aux

A

Galleries , & qu'vn fantofme ait
abufé le fçauoir comme l'igno-
rance, & la Cour auffi bien que le
Bourgeois , i'auoüe que ce prodige
m'eftonne , & que ce n'eft qu'en ce
bizarre euenement , que ie trouue
LE CID merueilleux. Mais
comme autrefois vn Macedonien,
appella de Philipe preocupé, à Philipe mieux informé , ie coniure les
honneftes gens, de fufprendre vn
peu leur iugement, & de ne con-
damner pas fans les ouyr, les SO-
PHONISBES, les CÆSARS,
les CLEOPATRES, les HER-
CVLES, les MARIANES, les
CLEOMEDONS, & tant d'au-
tres illuftres HEROS , qui les
ont charmez fur le Theatre. Pour
moy , quelque efclatante que me
paruft la gloire du Cid, ie la regar-
dois comme ces belles couleurs qui

s'effacent en lair, prefqu'auffi-toft
que le Soleil en a fait la riche &
trompeufe impreffion fur la Nuë;
ie n'auois garde de conceuoir aucune enuie, pour ce qui me faifoit
pitié : ny de faire voir à perfonne,
les taches que i'apperceuois en cet
Ouurage. Au contraire, comme
fans vanité ie fuis bon & genereux,
ie donnois des fentimens à tout le
monde , que ie n'auois pas moy-
mefme : ie faifois croire aux autres , ce que ie ne croyois point du
tout ; & ie me contentois de connoiftre l'erreur fans la reffutter, &
la verité fans m'en rendre l'Euan-
gelifte. Mais quand i'ay veu que
cet Ancien qui nous a dit, que la
profperité trouue moins de perfonnes qui la fcachent fouffrir que
les infortunes , & que la modera-
tion eft plus rare que la patience,

sembloit auoir fait le Portraict de
l'Autheur du Cid , quand i'ay veu
[dis-je] qu'il se Deifioit d'authorité
priuée; qu'il parloit de luy , comme nous auons accouftumé de parler des autres ; qu'il faifoit mefme
imprimer les fentimens auanta-
geux qu'il a de foy ; & qu'il femble
croire qu'il fait trop d'honneur
aux plus grands Efprits de fon Sie-
cle, de leur prefenter la main gau-
che: i'ay creu que ie ne pouuois fans
iniuftice & fans lafcheté, abandon-
ner la caufe commune , Et qu'il e-
ftoit à propos de luy faire lire, cette infcription , tant vtile , qu'on
voyoit autrefois grauée fur la porte de l'vn des Temples de la
Grece.

CONNOIS TOY TOY

MESME.

Ce n'eft pas que ie vueille com-

batre fes mefpris par des outrages,
Cette efpece d'armes ne doit eftre
employee, que par ceux qui n'en
ont point d'autres : & quelque ne-
ceffité que nous ayons de nous def-
fendre, ie ne tiens pas qu'il foit
glorieux d'en vfer. l'ataque le Cid,
& non pas fon Autheur; i'en veux
à fon Ouurage, & non point à fa
perfonne ; Et comme les combats
& la ciuilité ne font pas incompa-
tibles, ie veux baifer le fleuret; dont
ie pretends luy porter vne botte
franche : ie ne fais ny vn Satyre,
ny vn Libelle diffamatoire, mais
de fimples OBSERVATIONS:
& hors les paroles qui feront de
l'effence de mon Sujet, il ne m'en
efchappera pas vne, où l'on remarque de l'aigreur. Ie le prie d'en vfer,
auec la mefme retenu' s'il me ref-
pont, parce que ie ne fçauois ny

dire ny souffrir d'iniures ; ie pre-
tens donc prouuer contre cette piece du CID.

Que le Sujet n'en vaut rien du tout,

Qu'il choque les principales regles
du Poeme Dramatique,

Qu'il manque de iugement en sa
conduite,

Qu'il a beaucoup de meschans
vers,

Que presque tout ce qu'il a de beautez sont derrobees,

Et qu'ainsi l'estime qu'on en fait
est iniuste. Mais apres auoir auan-
cé cette proposition, estant obligé
de la soustenir, Voicy par où i'en-
treprens, de le faire auec honneur.

Ceux qui veulent abatre quel-
qu'vn de ces superbes Edifices, que
la vanité des hommes esleue si haut,
ne s'amusent point à briser des Co-

lomnes , ou rompre des Baluſtra-
des, mais ils vont droit en ſapper
les fondemens , afin que toute la
Maſſe du Baſtiment , croule , &
tombe en vne meſme heur. Comme i'ay le meſme deſſein , ie veux
les imitere en cette occaſion:& pour
en venir à bout, ie veux dire, que
le ſentiment d'Ariſtote , & celuy
de tous les Sçauans qui l'ont ſuiuy,
eſtablit pour maxime indubita-
ble , que l'inuention eſt la principale partie , & du Poete, & du Poeme : Cette verité eſt ſi aſſeurée, que
le Nom meſme de l'vn & de l'autre,
tire ſon Etimologie d'vn Verbe
Grec , qui ne veut rien dire que fi-
ction. De ſorte que le Sujet du Çid,
eſtant d'vn Autheur Eſpagnol, ſi
l'inuention en eſtoit bonne , la
gloire en apartiendroit à Guillen
de Caſtro , & non pas à ſon tradu-

éteur François. Mais tant s'en faut
que j'en demeure d'accord, que ie
foutiens qu'elle ne vaut rien du
tout. La Tragedie, compofée felon les regles de l'Art, ne doit auoir
qu'vne açtion principale, à laquelle
tendent, & viennent aboutir tou-
tes les autres ; ainfi que les lignes
fe vont rendre, de la circonference
d'vn Cercle à fon Centre : Et l'Ar-
gument en deuant eftre tiré de
l'Hiftoire ou des fables connuës
(felon les preceptes qu'on nous a
laiffez) on n'a pas deffein de fur-
prendre le Speçtateur, puis qu'il
fçait def-ja ce qu'on doit reprefen-
ter. Mais il n'en va pas ainfi de
la Tragi-comedie, Car bien qu'elle
n'ait prefque pas efté cónue de l'An-
tiquité, neantmoins puis qu'elle
eft comme vn compofé de la Tragedie & de la Comedie, & qu'à caufe

fe de fa fin, Elle femble mefme pancher plus vers la derniere, il faut que
le premier Acte, dans cette efpece
de Poëme, embroüille vne intrigue, qui tienne toufiours l'efprit en
fufpends, & qui ne fe defmefle qu'à
la fin de tout l'Ouurage. Ce Nœu
Gordien, n'a pas befoin d'auoir vn
Alexandre dans le Cid pour le def-
noüer; le Pere de Chimene y meurt
prefque dés le commencement, dás
toute la Piece, Elle ny Rodrigue ne
pouffent, & ne peuuent pouffer,
qu'vn feul mouuement: on n'y voit
aucune diuerfité; aucune intrigue,
aucun Nœu ; Et le moins clair-
voyant des Spectateurs, deuine, ou
pluftoft voit, la fin de cette Auan-
ture, auffi-toft qu'elle eft commen-
cée. Et par ainfi ie penfe auoir
monftré bien clairement, que le
Sujet n'en vaut rien du tout, puis

que j'ay fait connoiftre qu'il manque de ce qui le pouuoit rendre
bon, & qu'il a tout ce qui le pouuoit rendre mauuais. Ie n'auray
pas plus de peine, à prouuer qu'il
choque les principalles Regles Dramatiques, & j'efpere le faire auoüer
à tous ceux qui voudront fe fouuenir apres moy, qu'entre toutes les
regles dont ie parle, celle qui fans
doubte eft la plus importante, &
comme la fondamentale de tout
l'Ouurage, eft celle de la vray-fem-
blance. Sans elle, on ne peut eftre
furpris, par cette agreable trompe-
rie, qui fait que nous femblós nous
intereffer, aux bons ou mauuais
fuccez de ces Heros imaginaires. Le
Poëte, qui fe propofe pour fa fin,
d'efmouuoir les paffions de l'Auditeur, par celles des Perfonnages,
quelques viues, fortes, & bien pouf-

sees qu'elles puissent estre, n'en peut
iamais venir à bout (s'il est iudicieux) lors que ce qu'il veut imprimer en l'ame, n'est pas vray-semblable. Aussi ces Grands Maistres
anciens, qui m'ont appris ce que ie
monstre icy à ceux qui l'ignorent,
nous ont tousiours enseigné, que
le Poëte, & l'Historien, ne doiuent
pas suiure la mesme route : & qu'il
vaut mieux que le premier, traicte
vn Sujet vraysemblable, qui ne soit
pas vray, qu'vn vray, qui ne soit pas
vray-semblable. Ie ne pensois pas
qu'on puisse choquer vne Maxime, que ces grands hommes ont
establie, & qui satisfait si bien le
jugement. C'est pourquoy, j'ad-
jouste apres l'auoir fondée, en l'esprit de ceux qui la lisent, qu'il est
vray que Chimene espousa le Cid,
mais qu'il n'est point vray-sembla-

ble, qu'vne fille d'honneur, efpou-
fe le meurtrier de fon Pere. Cet
euenement eftoit bon pour l'Hiftorien, mais il ne valoit rien pour
le Poete: & ie ne crois pas qu'il fuf-
fife, de donner des repugnance à
Chimene;de faire combattre le deuoir contre l'amour ; de luy mettre
en la bouche mille anthithefes fur
ce fujet; ny de faire interuenir l'authorité d'vn Roy ; car en fin, tout
cela n'empefche pas qu'elle ne fe
rende parricide, en fe refoluant d'ef-
poufer le meurtrier de fon Pere. Et
bien que cela ne s'acheue pas fur
l'heure, la volonté (qui feule fait le
mariage) y paroift tellement por-
tée, qu'en fin Chimene eft vne parricide. Ce Sujet ne peut eftre vray-
femblable ; Et par confequent, il
choque vne des principalles regles
du Poëme. Mais pour appuyer ce

raisonnement , de l'authorité des
Anciens, ie me souuiens encor que
le mot de fable, dont Aristote s'est
seruy , pour nommer le Sujet de la
Tragedie , quoy qu'il ne signifie
dans Homere , qu'vn simple difcours, par tout ailleurs, est pris pour
le recit de quelque chose fausse, &
qui pourtant conserue vne espece
de verité : telles sont les fables des
Poëtes, dont au temps d'Aristote
(& mesme deuant luy) les Tragiques se seruoient souuent , pour
le Sujet de leurs Poëmes , n'ayant
nul esgard à ce qu'elles n'estoient
pas vrayes , mais les considerant
seulement , comme vray-sembla-
bles. C'est pourquoy , ce Philo-
sophe remarque, que les premiers
Tragiques , ayans accoustumé de
prendre des Sujets par tout, sur la
fin, ils s'estoiét retranchez à certains

qui eſtoient, ou pouuoient eſtre
rendus vray ſemblable: & qui preſque pour cette raiſon, ont eſté tous
traittez, & meſme par diuers Autheurs. Côme Medée, Alchmeon,
Ædipe, Oreſte, Meleagre, Thieſte,
& Thelephe. Si bien qu'on voit,
qu'ils pouuoient changer ces fables comme ils vouloient, & les
accommoder à la vray-ſemblance.
Ainſi Sophocle, Æchile, & Euripide, ont traiĉté la fable de Philoĉte-
te bien diuerſement : ainſi celle de
Medée, chez Seneque, Ouide, &
Euripide, n'eſtoit pas la meſme.
Mais il eſtoit quaſi de la Religion,
& ne leur eſtoit pas permis de changer l'Hiſtoire, quand ils la trait-
toient, ny d'aller contre la verité.
Tellement, que ne pouuant pas
toutes les Hiſtoires vray-ſembla-
bles (quoy que vrayes) & ne pou-

uant pas les rendre telles, ny changer leur nature , ils s'attachoient
fort peu à les traicter , à cause de
cette difficulté : & prenoient pour
la plufpart des chofes fabuleufes,
à fin de les pouuoir difpofer vray-
femblablement. De là , ce Phi-
lofophe monftre , que le meftier
du Poëte eft bien plus difficile que
celuy de l'Hiftorien : par ce que ce-
luy-cy , racompte fimplement les
chofes, comme en effect elles font
arriuées, au lieu que l'autre , les re-
prefente (non pas cóme elles font)
mais bien comme elles ont deub
eftre, C'eft en quoy l'Autheur du
Cid a failly , qui trouuant dans
l'Hiftoire d Efpagne, que cette fille
auoit efpoufé le meurtrier de fon
Pere , deuoit confiderer , que ce
n'eftoit pas vn fujet d'vn Poëme
accomply , par ce qu'eftant hifto-

rique, & par confequent vray, mais
non pas vray-femblable, d'autant
qu'il choque la raifon & les bonnes
mœurs, il ne pouuoit pas le changer, ny le rendre propre au Poëme
dramatique. Mais côme vne erreur
en appelle vne autre, pour obfer-
uer celle des vingt-quatre heures
(excellente quand elle eft bien en-
tenduë) l'Autheur François, bronche plus lourdement que l'Efpa-
gnol, & fait mal en penfant bien
faire. Ce dernier, donne au moins
quelque couleur à fa faute, par ce
que fon Poëme eftant irregulier, la
longueur du temps, qui rend tous-
jours les douleurs moins viues, femble en quelque façon , rendre la
chofe plus vray-femblable. Mais
faire arriuer en vingt-quatre heures
la mort d'vn pere, & les promeffes
de mariage de fa fille, auec celuy qui
la

la tué ; & non pas encor fans le co-
noiftre ; non pas dans vne rencon-
tre innopinée ; mais dans vn duel
dont il eftoit l'appellant ; c'eft
(comme a dit bien a greablement
vn de mes Amis) ce qui loing d'e-
ftre bon dans les vint quatre heures , ne feroit pas fuportable dans
les vint quatre ans. Et par confequent (ie le redis encor vne fois)
la regle de la vray femblance n'eft
point obferuée , quoy qu'elle foit
abfolument neceffaire. Et verita-
blement toutes ces belles actions
que fit le Cid en plufieurs années,
font tellement affemblees par force en cette Piece , pour la mettre
dans les vint-quatre heures, que les
Perfonnages y femblent des Dieux
de machine , qui tombent du Ciel
en terre : car enfin , dans le court efpace d'vn iour naturel , on eflit vn

C

Gouuerneur au Prince de Caftille;
il fe fait vne querelle & vn combat,
entre Dom Diegue & le Comte,
autre combat de Rodrigue & du
Comte; vn autre de Rodrigue contre les Mores; vn autre contre Dom
Sanche; & le mariage fe conclut,
entre Rodrigue & Chimene : ie
vous laiffe à iueger, fi ne voila pas
vn iour bien employé, & fi l'on
n'auroit pas grand tort d'accufer
tous ces perfonnges de parreffe?
il eft du fubiet du Poeme Dramatique, comme de tous les corps Phi-
fiques, qui pour eftre parfaicts, de-
mandent vne certaine grandeur,
qui ne foit ny trop vafte, ny trop
refferree. Ainfi lors que nous ob-
feruons vn Ouurage de cette nature, il arriue ordinairement à la
memoire, ce qui arriue aux yeux
qui regardent vn obiet. Celuy qui

voit vn corps d'vne diffufe grandeur, s'attachant a en remarquer
les parties, ne peut pas regarder à
la fois ce grand tout qu'elles com-
pofent : de mefme, fi l'action du
Poeme eft trop grande, celuy qui
la contemple, ne fçauroit la mettre tout enfemble dans fa memoire : comme au contraire, fi vn corps
eft trop petit, les yeux qui n'ont
pas loifir de le confiderer, parce
que prefque en mefme temps, l'af-
pect fe forme & s'efuanoüit, ny
trouuent point de volupté. Ainfi
dans le Poeme, qui eft l'obiet de la
memoire, comme tous les corps le
font des yeux, cette partie de l'ame,
ne fe plaift non plus à remarquer, ce
qui n'admet pas fon office, que ce
qui l'excede. Et certainemét, cóme
les corps pour eftre beaux, ont befoin de deux chofes, à fçauoir de

l'ordre & de la grandeur, & que
pour cette raison Ariſtote, nie,
qu'on puiſſe appeller les petits
hommes beaux, mais ouy bien a-
greables ; parce que quoy qu'ils
ſoyent bien proportionnez , ils
n'ont pas neantmoins cette taille
auantageuſe, neceſſaire à la beauté:
de meſme ce n'eſt pas aſſez , que le
Poeme ait toutes ſes parties diſpo-
ſees auec ſoin , s'il n'a encore vne
grandeur ſi iuſte , que la memoire
la puiſſe comprendre ſans peine.
Or quelle doit eſtre cette grandeur,
Ariſtote dont nous ſuiuons autant
le iugement, que nous nous mo-
quons de ceux qui ne le ſuiuent
point la determinée dans cette eſpace de temps , qu'on voit qu'en-
ferment deux Soleils : en ſorte, que
l'action qui ſe repreſente, ne doit
ny exeder, ny eſtre moindre, que

ce temps qu'il nous preſcrit. Voila pourquoy autre fois Ariſtopha-
ne Comique Grec, ſe moquoit
d'Æchile Poete Tragique, qui dans
la Tragedie de Niobe, pour conſer-
uer la grauité de cette Heroine, l'in-
troduiſiſt aſſiſe au Sepulchre de
ſes enfans, l'eſpace de trois iours,
ſans dire vne ſeule parole. Et voi-
là pourquoy le docte Heinſius, a
trouué que Buchanan auoit fait vne
faute dans ſa Tragedie de Iephté,
où dans le periode des vingt-quatre
heures, il renferme vne action, qui
dans l'hiſtoire demandoit deux mois,
ce temps ayant eſté donné à la
fille pour pleurer ſa virginité (dit
l'Eſcriture:) Mais l'Autheur du Cid,
porte bien ſon erreur plus auant,
puis qu'il enferme pluſieurs annees dans ſes vingt-quatre heures:
& que le mariage de Chimene, & la

C iij

prife de ces Roys Mores, qui dans
l'Hiſtoire d'Eſpagne, ne ſe fait què
deux ou trois ans apres la mort de
ſon pere, ſe fait icy le meſme iour.
Car quoy que ce mariage ne ſe con-
ſomme pas ſi-toſt, Chimene &
Rodrigue conſentent, & dés là ils
ſont mariez, puis que ſelon les Iu-
riſconſultes, il n'eſt requis que le
conſentement pour les nopces : &
qu'outre cela, Chimene eſt à luy,
par la victoire qu'il obtient ſur
Don Sanche, & par l'arreſt qu'en
donne le Roy. Mais ce n'eſt pas la
ſeule loy qu'on voit enfrainte, en
cet endroit de ce Poëme : il en
rompt vne autre bien plus importante, puis qu'elle choque les bonnes mœurs, comme les regles de la
Poëſie Dramatique. Et pour con-
noiſtre cette verité, il faut ſçauoir,
que le Poëme de Theatre fut in-

uenté, pour inſtruire en diuertiſ-
ſant; & que c'eſt ſous cet agreable
habit, que ſe deſguiſe la Philoſophie,
de peur de paroiſtre trop auſtere
aux yeux du monde : & par luy (s'il
faut ainſi dire) qu'elle ſemble do-
rer les pillules, afin qu'on les pre-
ne ſans repugnance, & qu'on ſe
trouue guary, preſque ſans auoir
connu le remede. Auſſi ne manque
t'elle iamais de nous monſtrer ſur la
Scene, la vertu recompenſee, &
le vice touſiours puny. Que ſi quelquefois l'on y voit les meſchans
proſperer, & les gens de bien perſe-
cutez, la face des choſes ne man-
quent point de changer à la fin
de la repreſentation, ne manque
pas auſſi de faire voir le triomphe
des innocens, & le ſuplice des coul-
pables : & c'eſt ainſi qu'inſenſible-
ment on nous imprime en l'ame

l'horreur du vice, & l'amour de la vertu. Mais tant s'en faut que la Piece du Cid soit faite sur ce modelle, qu'elle est de tres-mauuais exemple: l'on y voit vne fille desnaturee, ne parler que de ses follies, lors qu'elle ne doit parler que de son malheur; pleindre la perte de son Amant, lors qu'elle ne doit songer qu'à celle de son pere; aimer encor ce qu'elle doit adhorrer; souffrir en mesme temps, & en mesme maison, ce meurtrier & ce pauure corps; & pour acheuer son impieté, ioindre sa main, à celle qui degoute encor du sang de son pere. Apres ce crime qui fait horreur, le spectateur n'a t'il pas raison, de penser qu'il va partir vn coup de foudre, du ciel representé sur la Scene, pour chatier cette Danaide? Ou s'il sçait cette autre regle,

qui deffend d'enfanglanter le Theatre, n'a t'il pas fubjet de croire,
qu'auffi-toft qu'elle en fera partie, vn Meffager viendra pour le
moins luy apprendre ce chaftiment?
Mais cependant ny l'vn, ny l'autre
n'arriue; au contraire, vn Roy ca-
reffe cette impudique; fon vice y
paroift refcompencé; la vertu femble bannie de la conclufion de ce
Poeme; il eft vne iuftruction au
mal, vn aiguillon pour nous y
pouffer; & par ces fautes remarqua-
bles & dangereufes, directement
oppofé, aux pricipales Regles
Dramatiques. C'eftoit pour de femblables ouurages, que Platon n'ad-
mettoit point dans fa Republique, toute la Poefie: mais principalement il en banniffoit cette
partie, laquelle imite en agiffant,
& par reprefentation : d'autant

D

qu'elle offroit à l'esprit toutes fortes de mœurs; les vices & les vertus,
les crimes & les actions genereu-
fes; & qu'elle introduifoit aufli
bien ~~Aftree~~ comme Neftor. Or
ne donnant pas plus de plaifir, en
l'expreffion des bonnes actions,
que des mauuaifes, puis que dans la
poëfie, comme dans la peinture,
on ne regarde que la reffemblan-
ce; & que l'image de Therfite bien
faite, plaift autant que celle de Nar-
ciffe: il arriuoit de là, que les efprits
des Spectateurs, eftoient defbau-
chez par cette volupté: qu'ils trou-
uoient autant de plaifir à imi-
ter les mauuaifes actions, qu'ils
voyoient reprefentées auec grace,
& où noftre nature incline, que les
bonnes, qui nous femblent diffici-
les; & que le Theatre eftoit aufli
bien l'efchole des vices que des ver-

tus. Cela (dis-je) l'auoit obligé d'exiler les Poëtes de sa Republique : & quoy qu'il couronnast Homere de fleurs, il n'auoit pas laissé de le bannir. Mais pour moderer sa rigueur, Aristote qui connoissoit l'vtilité de la Poësie, & principalement de la Dramatique, d'autant qu'elle nous imprime beaucoup mieux les bons sentimens, que les deux autres especes,& que ce que nous voyons touche bien d'auantage l'ame, que ce que nous oyons simplement (comme depuis l'a dit Horace.) Aristote, dis-je, veut en sa Poëtique, que les mœurs representees dans l'action de Theatre, soient la pluspart bonnes : & que s'il y faut introduire des personnes plaines de vices, le nombre en soit moindre que des vertueuses. Cela fait que les Critiques des derniers

D ij

temps, ont blafmé quelques an-
ciennes Tragedies, ou les bonnes
mœurs eftoient moindres que les
mauuaifes : Ainfi qu'on peut voir
par exemple, dans l'Orefte d'Euripide, où tous les perfonnages, ex-
cepté Pilades, ont de mefchantes in-
clinations. Si l'Autheur que nous
examinons n'euft pas ignoré ces
preceptes, comme les autres dont
nous l'auons defia repris, il fe fuft
bien empefché de faire triom-
pher le vice fur fon Theatre, & fes
Perfonnages auroient eu de meilleu-
res intentions que celles qui les
font agir. Fernand y auroit efté
plus grand politique, Vrraque
d'inclination moins baffe, Don
Gomes moins ambitieux & moins
infolent, Don Sanche plus genereux, Eluire de meilleur exemple
pour les fuiuantes, & cet Autheur

n'auroit pas enfeigné la vengeance,
par la bouche mefme de la fille,
de celuy dont on fe venge: Chimene n'auroit pas dit,

Les accommodements ne font rien en ce
point :

Les affronts à l'honneur ne fe reparent
point;

En vain on fait agir la force ou la pru-
dence,

Si l'on guarit le mal, ce n'eft qu'en appa-
rence:

Et le refte de la troifiefme Scene du
fecond Acte, ou par tout elle conclut à la confufion de fon Amant,
s'il n'attente à la vie de fon pere.
Comme quoy peut-il excufer le
vers, où cette defnaturee s'efcrie parlant de Rodrigue?

Souffrir vn tel affront eftant né Gentil-
homme,

Et ceux-cy, où elle aduouë qu'elle

.auroit de la honte pour luy, fi apres
luy auoir commandé de ne pas tuer
fon pere, il luy pouuoit obeir:

Et s'il peut m'obeir, que dira-t'on de luy?
Soit qu'il cede ou refifte au feu qul le con-
fomme,
Mon efprit ne peut qu'eftre ou honteux
ou confus,
De fon trop de refpeết, ou d'vn iufte
refus.

Mais ie defcouure encor des fentimens plus cruels & plus barbates,
dans la quatriefme Scene du troifiefme Acte qui me font horreur.
C'eft où cefte fille (mais pluftoft ce
Monftre) ayant deuant fes yeux
Rodrigue, encor tout couuert d'vn
fang qui la deuoit fi fort toucher, &
entendant qu'au lieu de s'excufer, &
de reconnoiftre fa faute, il l'authorife
par ces vers:

Car en fin n'attends pas de mon offeếion,

Vn lasche repentir d'vne bonne action;
Elle respond (ô bonnes mœurs !)
Tu n'as fait le deuoir que d'vn homme de bien.

Si autrefois quelques-vns, comme
Marcelin au liure vingt-septiesme,
ont mis entre les corruptions des
Republiques, la lecture de Iuuenal,
parce qu'il enseigne le vice, quoy
qu'il le reprenne, & que pour fla-
geller l'impureté, il l'a monstre
toute nuë : que dirons-nous de ce
Poeme, ou le vice est si puissam-
ment apuyé? où l'on en fait l'Apo-
logie? où l'on le pare des orne-
ments de la vertu? & en fin, où il
foule aux pieds les sentimens de la
Nature, & les preceptes de la Mo
rale? De ces deux preuues assez clai-
res, ie passe à la troisieme, qui regarde le iugement, la conduite, &
la bien-seance des choses: & dés la

31

premiere Scene, ie trouue dequoy
m'occuper. Il faut que i'aduouë que
ie ne vis iamais vn fi mauuais Phi-
fio nome que le pere de Chimene, lors qu'il dit à la Suiuante
de fa fille, parlant de Don Sanche, auffi bien que de Don Rodrigue,

Jeunes, mais qui font lire aifement dans
  leurs yeux,

L'efclatante vertu de leurs braues Ayeux.
Il n'eftoit point neceffaire d'vne fi
fauffe coniecture, puis que ce mal-
heureux Don Sanche deuoit eftre
battu, fans bleffer ny fans eftre
bleffé, defarmé, & pour fauuer fa
vie, contraint d'accepter cette hon-
teufe condition, qui l'oblige à
porter luy mefme fon efpee à fa
Maiftreffe, de la part de fon enne-
my. Cette procedure trop roma-
nefque, defment ce premier difcours;

cours ; eſtant certain , que iamais
vn homme de cœur, ne voudra viure par cette voye.　　Mais ce n'eſt
pas la ſeule faute de iugement, que
ie remarque en cette Scene ; & ces
vers qui ſuiuent m'en deſcouurent
encor vne autre.

L'heure à preſent m'apelle au Conſeil qui
*　s'aſſemble,*

Le Roy doit à ſon fils choiſir vn Gou-
*　uerneur,*

Ou pluſtoſt m'eſleuer à ce haut rang
*　d'honneur,*

Ce que pour luy mon bras chaque iour
*　execute,*

Me deffend de penſer qu'aucun me le
*　diſpute.*

　　Il faloit auec plus d'adreſſe, faire
ſçauoir à l'Auditeur , le ſujet de la
querelle qui va naiſtre : & non pas
le faire dire hors de propos à cette
Suiuante, qui ſert dans la Maiſon

du Comte. Cette familiarité n'a
point de rapport , auec l'orgueil
qu'il donne par tout à ce persō na-
ge:mais il feroit à fouhaitter pour
luy, qu'il euft corrigé de cette forte, tout ce qu'il fait dire à ce Comte de Gormas : afin que d'vn Capi-
tan ridicule , il euft fait vn hon-
nefte homme:tout ce qu'il dit eftát
plus digne d'vn fanfaron ,que d'v-
ne perfonne de valeur & de qualité.
Et pour ne vous donner pas la peine, d'aller vous en efclaircir dans
fon liure, voyez en quels termes il
fait parler ce Capitaine Fracaffe.

Enfin vous l'emportez , & la faueur du
    Roy.
Vous efleue en vn rang qui n'eftoit deu
    qu'à moy:
Les exemples viuants ont bien plus de
    pouuoir:

Vn Prince dans vn liure aprend mal son
   deuoir ;

Et qu'à fait apres tout, ce grand nombre
   d'annees,

Que ne puisse esgaller vne de mes iournees ?

Et ce bras du Royaume est le plus ferme
   apuy :

Grenade & l'Arragon tremblent quand
   ce fer brille ,

Mon nom sert de rampart à toute la Castille ,

Sans moy vous passeriez bien-tost sous
   d'autres loix ,

Et si vous ne m'auiez, vous n'auriez plus
   de Rois.

Chaque iour, chaque instant entasse pour
   ma gloire,

Laurier dessus Laurier, victoire sur victoire,

Le Prince pour essay de generosité,

Gagneroit des combats marchant à mon
   costé :
               E ij

Loin des froides leçons qu'à mon bras on
    prefere,

Il aprendroit à vaincre en me regardant
    faire.

Et par là cét honeur n'esteoit du qu'à mon
    bras :

Vn iour seul ne perd pas vn homme tel
    que moy :

Que toute sa grandeur, s'arme pour mon
    suplice,

Tout l'Estat perira, deuant que ie perisse.

D'vn sceptre qui sans moy tomberoit de
    sa main :

Il a trop d'interest luy-mesme en ma per-
    sonne,

Et ma teste en tombant feroit choir sa
    Couronne.

Mais t'ataquer à moy ! qui t'a rendu si
    vain ?

Sçais-tu bien qui ie suis ?

Mais ie sens que pour toy ma pitié s'inte-
    resse :

J'admire ton courage, & ie pleinds tã
ieuneſſe :
Ne cherche point à faire vn coup d'eſſay
fatal ;
Diſpenſe ma valeur d'vn combat ineſgal ;
Trop peu d'honneur pour moy ſuiuroit
cette victoire,
A vaincre ſans peril on triomphe ſans
gloire,
On te croiroit touſiours abatu ſans effort,
Et i'aurois ſeulement le regret de ta mort :
Retire-toy d'icy, es-tu ſi las de viure ?

Ie croirois aſſurement qu'en fai-
ſant ce roolle, l'Autheur auroit cru
faire parler Matamore & non pas
le Comte; Si ie ne voyois que preſque tous ſes perſonnages ont le
meſme ſtile : & qu'il n'eſt pas iuſqu'aux femmes, qui ne s'y picquét
de bravure. Il s'eſt à mon aduis fon-
dé ſur l'opinion cõmune, qui dõne

de la vanité aux Efpagnols, mais il
l'a fait auec affez peu de raifon ce
me femble : puis que par tout il fe
trouue d'honneftes gens. Et ce feroit vne chofe bien plaifante, fi par
ce que les Allemãds & les Gafcons,
ont la reputation d'aimer à boire
& à defrober, il alloit vn iour auec
vne efgale iniuftice , nous faire
voir fur la Scene, vn Seigneur de
l'vne de ces Nations qui fut yure, &
l'autre coupeur de bource. Les Efpagnols font nos ennemis (il eft
vray) mais on n'eft pas moins bon
François , pour ne les croire pas
tous hypochondriaques. Et nous
auons parmy nous vn Exemple fi
illuftre , & qui nous fait fi bien
voir, que la profonde Sageffe, & la
haute vertu peuuent naiftre en Efpagne , qu'on n'en fcauroit douter
fans crime. Ie parlerois plus claire-

ment de cette diuine Perfonne, fi
ie ne craignois de prophaner fon
nom facré, & fi ie n'auois peur de
commettre vn facrilege, en penfant faire vn acte d'adoration. Mais
eftant encor fi efloigné des der-
nieres fautes de iugement, que ie
connois & que ie dois monftrer en
cet Ouurage, ie marrefte trop à ces
premieres, que vous verrez fuiuies
de beaucoup d'autres plus grandes.
La feconde Scene du Cid, n'eft pas
plus iudicieufe que celle qui la pre-
cede, car cette Suiuante ni fait que
redire, ce que l'Auditeur vient à
l'heure mefme d'aprendre. C'eft
manquer d'adreffe, & faire vne faute, que les preceptes de l'Art, nous
enfeignent d'éuiter toufiours: parce que ce n'eft qu'ennuyer le fpecta-
teur; & qu'il eft inutile de raconter
ce qu'il a veu. Si bien que le Poete

doit prendre des temps derriere les
rideaux ,pour en inftruire les perfonnages,fansperfecuter ainfi ceux
qui les efcoutent.   La troifiefme
Scene eft encor plus deffectueufe,
en ce qu'elle attire en fon erreur,
toutes celles ou parlent l'Infante
ou Don Sanche : ie veux dire,
qu'outre la bien-feance mal obfer-
uee ,en vne amour fi peu digne
d'vne fille de Roy, & l'vne & l'autre tiennent fi peu dans le corps de
la piece, & font fi peu neceffaires à
la reprefentation , qu'on voir clairement ,que D. Vrraque ny eft que
pour faire iouer la Beau Chateau, &
le pauure Don Sanche, pour s'y faire batre par Don Rodrigue.   Et
cependant ,il nous eft enioint par
les Maiftres, de ne mettre rien de
fuperflu dans la Scene. Ce neft pas
que i'ignore ,que les Epifodes font
                                    vne

vne partie de la beauté d'vn Poeme, mais il faut pour eftre bons,
qu'ils foient plus attachez au Sub-
ieét. Celuy qu'on prend pour vn
Poëme dramatique, eft de deux fa-
çons, car il eft ou fimple, ou mixte
nous appellons fimple, eeluy qui
eftant vn, & continué, s'acheue
fans vn manifefte changement, au
contraire de ce qu'on attendoit, &
fans aucune recognoiffance. Nous
en auons vn exemple dans l'Aiax
de Sophocles, ou le Speétateur voit
arriuer tout ce qu'il s'eftoit propo-
fé. Aiax plein de courage, ne pouuant endurer d'eftre melprifé, fe
met en furie, & apres qu'il reuient
à foy, roug iffant des aétions que la
rage luy auoit fait faire, & vaincu
de honte, il fe tuë. En cela, il n'y a
rien d'admirable ni de nouueau.
Le fubieét meflé, ou non fimple,

F

s'achemine à ſa fin, auec quelque
changement oppoſé, à ce qu'on
attendoit, ou quelque reconnoiſ-
ſance, ou tous les deux enſemble.
Cettuy cy eſtant aſſez intrigué de
ſoy, ne recherche preſque aucun
embelliſſement : au lieu que l'autre
eſtât trop nu, a beſoin d'ornemens
eſtrangers. Ces amplifications qui
ne ſont pas tout à fait neceſſaires,
mais qui ne ſont pas auſſi hors de la
choſe, s'apellent Epiſodes chez A-
riſtote: & l'on donne ce nom à tout
ce que l'on peut inſerer dans l'Ar-
gument, ſans qu'il ſoit de l'Argu-
ment meſme. Ces Epiſodes qui
ſont auiourd'huy fort en vſage, ſót
trouuez bons, lors qu'ils aident à
faire quelque effect dans le Poeme:
comme anciennement le diſcours
d'Agamemnon, de Teucer, de
Menelaus & d'Vliſſe, dans l'Aiax

de Sophocle, feruoit pour empef-
cher, qu'on ne priuaft cet Heros de
fepulture.　Ou bien lors qu'ils
font neceffaires , ou vray-femb la-
blement attachez au Pœme, qu'A-
riftote appelle Epifodique,quand
il peche contre cette derniere regle.　Noftre Autheur (fans doute)
ne fçauoit pas cette doctrine, puis
qu'il fe fuft bien empefché,de mettre tant d'Epifodes dans fon Pœme , qui eftant mixte, n'en auoir
pas befoin : ou fi fa fterilité, ne luy
permettoit pas de le traitter fans
cette aide,il y en deuoit mettre qui
ne fuffent pas irreguliers.　Il auroit fans doute banny D. Vrraque,
Don Sanche , & Don Arias , &
n'auroit pas eu tant de feu à leur
faire dire des pointes, ny tant d'ardeur à la declamation, qu'il ne fe
fuft fouuenu , que pas vn de ces

perſonnages ne ſeruoit aux inci-
dens de ſon Poeme, & n'y auoit aucun attachement neceſſaire. Ie voy
bié(pour parler auſſi des modernes)
que dans la belle Mariane, ce diſcours des ſonges, que Monſieur
Triſtan a mis en la bouche de Phe-
rore, n'eſtoit pas abſolumét neceſſaire : mais eſtant ſi bien lié, auec la
viſion que vient d'auoir Herodes,
il y adiouſte vne beauté merueil-
leuſe. Viſion (dis-je) qui fait elle
meſme , vne partie du Sujet , &
dont les preſages qu'on en tire, ſot
fondez ſur vne, que ce Prince auoit
euë autre-fois au bord du Iourdain
il n'en eſt pas ainſi de nos bouches
inutiles, ce qu'elles diſent n'eſt pas
ſeulement ſuperflu , mais les per
ſonnages le font eux-meſmes. Depuis cette derniere caſcade. le iugement de l'Autheur ne bronche

point, iufqu'à l'ouuerture du fecõd
Acte: mais en cet endroit (s'ilm'eſt
permis d'vſer de ce mot) il fait encor vne diſparade. Il vient vn certain Don Arias de la part du Roy,
qui à vray dire, ny vient que pour
faire des pointes ſuf les lauriers, &
ſur la foudre, & pour donner fujet
au Comte de Gormas, de pouſſer
vne partie des rodomontades, que
ie vous ay defia monſtrees. On ne
ſçait ce qui l'ameine, il n'explique
point qu'elle eſt ſa commiſſion, &
pour concluſiõ de ce beau diſcours,
il s'en retoune comme il eſt venu.
l'Autheur me permettra de luy dire, qu'on voit bien qu'il n'eſt pas
homme d'eſclairciſſement, ni de
procedé. Quand deux Grands
ont querelle, & que l'vn eſt offen-
cé à l'honneur, ce ſont des Oyſeaux
qu'on ne laiſſe point aller ſur leur

foy : le Prince leur donne des Gar-
des à tous deux, qui luy refpondent
de leurs perfonnes, & qui ne fouf-
friroient pas que le fils de l'vn, vint
faire vn appel à l'autre : auffi voyós
nous bien la dágereufe confequen-
ce, dont cet erreur eft fuiuie & par
les maximes de la confcience, le
Roy ou l'Autheur, font coupables
de la mort du Comte, s'ils ne s'ex-
cufent, en difát qu'ils n'y péfoient
pas, puis que le commandement
que fait apres le Roy de l'arrefter,
n'eft plus de faifon. Dans la troifiefme Scene de ce mefme Acte, les
delicats trouueront encor, que le
iugement peche, lors que Chimene dit que Rodrigue n'eft pas Gen-
tilhomme, s'il ne fe vange de fon
pere ; ce difcours eft plus extraua-
gant que genereux, dans la bouche
d'vne fille, & iamais aucune ne le

diroit, quand mefme elle en auroit
la penfee. Les plus critiques trou-
ueroient peut-eftre auffi, que la
bien-feance voudroit, que Chimene pleuraft enfermee chez elle, &
non pas aux pieds du Roy, fi toft
apres cette mort: mais donnons ce
tranfport à la grâdeur de fes reffen-
timens, & à l'ardent defir de fe venger, que nous fçauons pourtant
bien qu'elle n'a point, quoy qu'elle le deuft auoir. Infenfiblement,
nous voicy arriuez au troifiefme
Acte, qui eft celuy qui a fait battre
des mains à tant de monde; crier
miracle, à tous ceux qui ne fcauent
pas difcerner, le bon or d'auec l'al-
chimie, & qui feul a fait la fauffe reputation du Cid. Rodrigue y
paroift d'abord chez Chimene,
auec vne efpee qui fume encor du
fang tout chaut, qu'il vient de fai-

re refpandre à fon pere : & par cette extrauagance fi peu attendue, il
donne de l'horreur à tous les iudicieux qui le voyent, & qui fcauent
que ce corps eft encore dans la maifon. Cette efpouuantable proce-
dur, choque directement le fens
commun : & quand Rodrigue prit
la trfolution de tuer le Comte, il
deuoie prendre celle de ne reuoir
iamais fa fille. Car de nous dire
qu'il vient pour fe farre tuer par
Chimene, c'eft nous aprendre qu'il
ne vient que pour faire des pointes : les filles bien nees n'vfurpent
iamais l'office des bourreaux ; ceft
vne chofe qui n'a point d'exemple ; & qui feroit fuportable dans
vne Elegie à Philis, ou le Poëte
peut dire, qu'il veut mourir d'vne
belle main, mais non pas dans le
graue Poeme Dramatique, qui re-
prefente

presente serieusement, les choses
comme elles doiuent estre. Ie remarque dans la troisiesme Scene,
que nostre nouuel Homere s'en-
dort encore; & qu'il est hors d'aparence, qu'vne fille de la condition
de Chimene n'ait pas vne de ses
amies chez elle, apres vn si grand
malheur, que celuy qui vient de
luy arriuer : & qui les obligeoit
toutes de s'y rendre, pour adoucir
sa douleur par quelques consola-
tions. Il eust esuité cette faute de
iugement, s'il n'eust pas manqué
de memoire, pour ces deux vers
qu'Eluire dit peu auparauant,

Chimene est au Palais de pleurs toute
baignee,

Et n'en reuiendra point que bien accom-
pagnee.

Mais sans nous amuser dauantage
à cette contradiction, voyons à

quoy fa folitude eft employee. A
faire des pointes execrables, des
anthithefes particides, à dire effró-
tement qu'elle ayme, ou pluftoft
qu'elle adore (ce font fes mots) ce
qu'elle doit tant hair: & par vn galimathias qui ne conclud rien, dire
qu'elle veut perdre Rodrigue, &
qu'elle fouhaite ne le pouuoir pas.
Ce mefchant combat de l'hóneur
& de l'amour, auroit au moins
quelque pretexte, fi le temps par
fon pouuoir ordinaire, auoit comme affoupy les chofes; mais dans
l'inftant qu'elles viennent d'arriuer; que fon pere n'eft pas encore
dans le tombeau; qu'elle a ce fune-
fte objet, non feulement dans l'i-
magination, mais deuant les yeux,
la faire balancer entre ces deux
mouuemens, ou pluftoft pancher
tout à fait, vers celuy qui la perd &

la des-honore, c'est se rédre digne
de cette Epitaphe d'vn homme en
vie, mais endormy, qui dit,

Sous cette casaque noire,

Repose paisiblement,

L'Autheur d'heureuse memoire,

Attendant le iugement.

En suitte de cette conuersation, de
Chimene auec Eluire, Rodrigue
sort de derriere vne tapisserie, & se
presente effrontément, à celle qu'il
vient de faire orpheline: en cét endroit, l'vn & l'autre se picquent de
beaux mots; de dire des douceurs;
& séblent disputer la viuacité d'esprit én leurs reparties, auec aussi
peu de iugement, qu'en auroit vn
homme qui se plaindroit en Musique dans vne affliction, ou qui se
voyant boiteux, voudroit clocher
en cadence. Mais tout à coup, de
beau discoureur, Rodrigue deuiét

impudent : & dit à Chimene; parlant de ce qu'il a tué, celuy dont elle tenoit la vie,

Qu'il le feroit encor, s'il auoit à le faire.
A quoy cette bonne fille respond,
qu'elle ne le blasme point ; qu'elle
ne l'accuse point ; & qu'en fin , il a
fort bien fait de tuer son pere. O
iugement de l'Autheur à quoy son-
gez-vous ? O raison de l'Auditeur
qu'estes-vous deuenuë? toute cette
Scene est d'esgalle force: mais comme les Geographes par vn point,
marquent toute vne Prouince, le
peu que i'en ay dit suffira, pour la
faire conceuoir entiere. Celle qui
suit nous fait voir le pere de Rodrigue, qui parle seul comme vn
fou ? qui s'en va de nuict courir les
ruës ? qui embrasse ie ne sçay quelle ombre fantastique ? & qui le
plus inciuil de tous les mortels, à

laissé cinq cens Gentils-hommes
chez luy, qui venoient luy offrir
leur espee. Mais outre que la bien-
seance est mal obseruee, i'y remarque vne faute de iugement assez
grande. Et pour la voir auec moy,
il faut se souuenir, que Fernand
estoit le premier Roy de Castille,
& c'est à dire Roy de deux ou trois
petites Prouinces. De sorte, qu'outre qu'il est assez estrange, que cinq
cens Gentils-hommes se trouuent
à la fois, chez vn de leurs amis qui
a querelle, la coustume estant en
ces occasions, qu'apres auoir offert
leur seruice & leur espee, les vns
sortent, à mesure que les autres entrent : il est encor plus hors d'aparence, qu'vne si petite Cour, que
celle de Castille estoit alors, peust
fournir cinq cens Gentils-hommes à D. Diegue, & pour le moins

autant au Comte de Cormas, fi
grand Seigneur, & tant en reputation : fans ceux qui demeuroient
neutres, & ceux qui reftoient au-
pres de la perfonne du Roy. C'eſt
vne chofe entierement eſloignee
du vray femblable, & qu'à peine
pourroit faire la Cour d'Eſpagne,
en l'eſtat où font les chofes maintenant. Auſſi voit-on bien, que
cette grande Troupe, eſt moins
pour la querelle de Rodrigue, que
pour luy ayder à chaſſer les Mores.
Et quoy que les bons Seigneurs ny
fongeaſſent pas, l'Autheur qui fait
leur deſtinee, les a bien ſceu forcer
malgré qu'ils en euſſent à s'aſſem-
bler, & fçait luy feul, à quel vfage
on les doit mettre. Le quatrieſme Acte commence par vne Scene
ou Chimene aimant fon pere à
l'accouſtumee, s'informe foigneu-

fement, du fuccez des armes de Rodrigue, & demande s'il n'eſt point
bleſſé.   Cette Scene eſt ſuiuie d'v-
ne autre, qu'il ſuffit de dire que fait
l'Infante, pour dire qu'elle eſt inutile.   Mais en cét endroit il faut
que ie die, que iamais Roy ne fut
ſi mal obey que Don Fernand, puis
qu'il ſe trouue, que malgré l'ordre
qu'il auoit donné dés le ſecond
Acte, de munir le port, ſur l'aduis
qu'il auoit que les Mores venoient
l'attaquer, il ſe trouue (dis-je) que
Seuille eſtoit priſe, ſon Throſne
renuerſé, & ſa perſonne & celles
de ſes enfans perduës, ſi le hazard
n'euſt aſſemblé ces bien-heureux
Amis de Don Diegue, qui aident
Rodrigue à le ſauuer.   Et certes le
Roy qui teſmoigne qu'il n'ignore point ce deſordre, a grand tort
de ne punir pas ces coupables, puis

que c'eſt par leur ſeule negligence
que l'Autheur fait

que d'un commun effort,
'Les Mores & la Mer entrent dedans le
port.

Mais il me permettra de luy dire,
que cela n'a pas grande aparence:
veu que la nuict on ferme les Ha-
ures d'vne chaiſne:principalement
ayant la guerre, & de plus des aduis certains, que les ennemis apro-
chent. En ſuitte, il dit parlant encor des Mores,

Ils anchrent, ils deſcendent,
Ce n'eſt pas ſçauoir le meſtier dont
il parle: car en ces occaſions ou l'e-
uenemét eſt douteux, on ne moüil-
le point l'anchre, afin d'eſtre plus
en eſtat de faire retraite, ſi l'on s'y
voidforcé:Mais ie ne ſuis pas encor
à la fin de ſes fautes, car pour dé-
couurir le crime de Chimene, le
Roy

Roy s'y fert de la plus méchante fi-
neffe du móde, & mal gré ce que le
Theatre demáde de ferieux en cette occafion, il fait agir ce fage Prince , comme vn enfant qui feroit
bien enjoué, en la quatriefme Scene du quatriefme acte. Là dans vne
action de telle importance , ou fa
iuftice deuoit eftre balancée auec
la victoire de Rodrigue , au lieu de
la rendre à Chimene, qui feint de
la luy demander , il s'amufe à luy
faire piece; veut efprouuer fi elle
aime fon Amant; & en vn mot, le
Poete luy ofté fa Couronne de déf-
fus la tefte, pour le coiffer d'vne
Marote. Il deuoit traiter auec plus
de refpect , la perfonne des Roys
que l'on nous aprend eftre facree;
& confiderer celuy cy dans le
Throfne de Caftille, & non pas
cóme fur le Theatre de Mondory.

H

Mais toute groffiere qu'eſt cette
fourbe, elle fait pourtant donner
cette criminelle dás le piege qu'on
luy tend,& deſcouurir aux yeux de
toute la Cour, par vn eſuanoüiſſe-
ment l'infame paſſion qui la poſſe-
de. Il ne luy ſert de rien de vouloir
cacher ſa honte,par vne fineſſe auſſi mauuaiſe que la premiere, eſtant
certain que malgré ce quolibet qui
dit,

Qu'on ſe paſme de ioye, ainſi que de
   triſteſſe.

La cauſe de la ſienne eſt ſi viſible,
que tous ceux qui ont l'ame grande, deſireroient qu'elle fuſt morte,
& non pas ſeulement eſuanouye:
ainſi le quatrieſme acte s'acheue,
apres que Fernád a fait la plus in-
iuſte ordonnance, que Prince ima-
gina iamais. Le dernier n'eſt pas
plus iudicieux, que ceux qui l'ont

deuancée: dés l'ouuerture du Theatre, Rodrigue vient en plein iour
reuoir Chimene, auec autant d'ef-
fronterie, que s'il n'en auoit pas
tué le pere : & la perd d'honneur
abſolument, dans l'eſprit de tout
vn peuple qui le void entrer chez
elle. Mais ſi ie ne craignois de faire
le plaiſant mal à propos , ie luy de-
manderois volontiers, s'il a donné
de l'eau benite en paſſant, à ce pauure mort, qui vray-ſemblablement
eſt dans la ſalle ? leur ſeconde con-
uerſation, eſt de meſme ſtile que
la premiere, elle luy dit cent choſes
dignes d'vne proſtituee, pour l'o-
bliger à batre ce pauure ſot de Don
Sanche, & pour concluſion, elle
adiouſte auec vne impudence eſ-
pouuentable,

Te diray-ie encor plus ? va, ſonge à ta
deffence,

H ij

Pour forcer mon deuoir, pour m'impofer
filence,
Et fi iamais l'amour efchaufa tes efprits,
Sorts vainqueurs d'vn combat dont Chi-
mene eft le prix,
Adieu ce mot lafché me fait rougir de
honte.

Elle a bien raifon de rougir & de
fe cacher, apres vne action qui la
couure d'infamie, & qui la rend
indigne de voir la lumiere. La feconde & troifiefme Scene, n'eft
qu'vne continuelle extrauagance,
de noftre Infante fuperflue. La
quatriefme, qui fe paffe entre Eluire & Chimene, ne fert non plus au
fubiet. La cinquiefme, qui fait ar-
riuer Don Sanche, me fait auffi
vous aduertir que vous preniez
garde, que dans le petit efpace de
temps, qui fe coule à reciter cent
quarante vers, l'Autheur fait aller

Rodrigue s'armer chez luy ; fe rendre au lieu du combat, fe batre; eftre
vainqueur ; defarmer D. Sanche;
luy rendre fon efpée ; luy ordon-
ner de l'aller porter à Chimene ; &
le temps qu'il faut à Don-Sanche,
pour venir de la place chez elle:
tout cela fe fait, pendant qu'on
recite cent quarante vers, ce qui eft
abfolument impoffible, & qui
doit paffer pour vne grande faute
de conduite. Quand nous voulons
prendre ainfi des temps au Theatre, il faut que la Mufique ou les
Chœurs, qui font la diftinction
des actes, nous en donnét le moyen
dans cet interualle: car autrement,
les chofes ne doiuent eftre reprefentées, que de la mefme façon,
qu'elles peuuent arriuer naturelle-
ment. Dans toute cette Scene dont
ie parle, Chimene iouë le perfon-

nage d'vne Furie , fur l'opinion
qu'elle a que Rodrigue eft mort,&
dit au miferable D. Sanche , tout
ce qu'elle deuoit raifonnablement
dire à l'autre , quand il eut tué fon
pere. Ce n'eft pas qu'il n'y ait
quelque chofe d'agreable en cette erreur , mais elle n'eft pas iu-
dicieufement traictee : il en falloit
moins pour eftre bóne ; parce qu'il
eft hors d'aparéce , qu'au milieu de
ce grand flux de paroles, D.Sanche
pour la defabufer , ne puiffe pas
prendre le temps, de luy crier, il
n'eft pas mort. Comme ils en font
là , le Roy & toute la Cour arriue ;
& c'eftdeuant cette grande affem-
blee que Dame Chimene leue le
Mafque ; qu'elle confeffe ingenu-
ment fes folies defnaturees, & que
pour les acheuer , voyant que Rodrigue eft en vie, elle pronóce en-

fin vn *ouy* ſi criminel, qu'à l'inſtant
meſme, le remords de conſcience
la force de dire.

Sire, quelle apparence à ce triſte himeꝰ
nee?
Qu'vn meſme iour commence & finiſſe
mon dueil,
Mette en mon lict Rodrigue, & mon
pere au cercueil?
C'eſt trop d'intelligence auec ſon homiꝰ
cide;
Vers ces Manes ſacrez, c'eſt me rendre
perfide;
Et ſoüiller mon honneur, d'vn reproche
eternel
D'auoir trempé mes mains, dans le ſang
paternel.
Demeurons-en d'accord auec elle,
puis que c'eſt la ſeule choſe raiſon-
nable qu'elle a dite. Et deuant que
paſſer de la conduite de ce Poëme,

à la cenfure des vers, difons encor,
que le Theatre en eft fi mal enten-
du, qu'vn mefme lieu reprefen-
tant l'Apartement du Roy, celuy
de l'Infante, la maifon de Chimene, & la ruë, prefques fans changer
de face, le Spectateur ne fçait le
plus fouuent où font les Acteurs.
Maintenant, pour la verfification,
i'aduoüe qu'elle eft la meilleure de
cet Autheur: mais elle n'eft point
affez parfaite, pour auoir dit luy
mefme qu'il quite la terre, que fon
vol le cache dans les Cieux; qu'il y
rit du defefpoir de tous ceux qui
l'enuient; & qu'il n'a point de Ri-
uaux, qui ne foient fort honorez,
quand il daigne les traiter d'egal.
Si le Malherbe en auoit dit autant,
ie doute méme fi ce ne feroit point
trop. Mais voyons vn peu, fi ce
Soleil qui croit eftre aux Cieux eft

fans

fans taches, ou fi malgré fon efclat
pretendu , nous aurons la veuë affez forte, pour le regarder fixement
& pour les apperceuoir . Ie commence par le premier vers de la
Piece,

Entre tous ces Amants, dont la ieune fer-
    ueur,

C'eft parler François en Allemand,
que de donner de la ieuneffe à la
ferueur : cette Epithete n'eft pas en
fon lieu . Et fort improprement
nous dirions, ma ieune peine, ma
ieune douleur , ma ieune inquie-
tude , ma ieune crainte , & mille
autres femblables termes impro-
pres.

Ce n'eft pas que Chimene efcoute leurs
    foufpirs,
Ou d'vn regard propice anime leurs de-
    firs.

Cela manque de conftruction . Et

I

pour qu'elle y fuſt il falloit dire, à
mon aduis, ce n'eſt pas que Chimene eſcoute leurs ſoupirs, ni que d'vn
regard propice elle anime leurs de-
ſirs.

*Tant qu'a duré ſa force, a paſſé pour
merueille,*

Icy tout de meſme, il falloit dire a
paſſé pour vne merueille.

*L'heure à preſent m'apelle au Conſeil qui
s'aſſemble.*

Ce mot d'à preſent, eſt trop bas
pour les vers: & qui s'aſſemble eſt ſuperflu, il ſuffiſoit de dire, l'heure m'a-
pelle au Conſeil.

*Deux mots dont tous vos ſens doiuent
eſtre charmez.*

Il n'eſt point vray qu'vne bonne
nouuelle charme tous les ſens: puis
que la Veuë, l'Odorat, le Gouſt, ni
l'Atouchement, n'y peuuent auoir
aucune part. Cette figure qui fait

prendre vne partie pour le tout, & qui chez les ſçauants s'appelle Sinecdoche; eſt icy trop hyperbolique.

Et ie vous voy penſiue & triſte chaque
    iour,

L'informer auec ſoin comme va ſon a-
    mour,

Cela n'eſt pas bien dit : il deuoit y auoir, & ie vous voy penſiue & triſte chaque iour, vous informer (& non pas l'informer) comme quoy va ſon amour, & non pas comme va ſon amour.

Que ie meurs s'il s'acheue, & ne s'ache-
    ue pas,

Pour la conſtruction il faloit dire; que ie meurs s'il s'acheue, & s'il ne s'acheue pas.

Elle rendra le calme à vos eſprits flot-
    tans.

Ie ne tiens pas que cette façon de

faire floter les esprits soit bonne :
ioint qu'il failloit dire l'esprit, par
ce que les esprits en plurier, s'en-
tendent des vitaux & des animaux,
& non pas de cette haute partie de
l'ame, ou reside la volonté·

Ma plus douce esperance, cest de perdre
  l'espoir,
Ce vers si ie ne me trompe n'est pas
loin du galimathias.

Le Prince pour essay de generosité,
Ce mot d'essay, & celuy de generosité, estant si pres l'vn de l'autre,
font vne fausse rime dans le vers,
bien desagreable, & que l'on doit
tousiours esuiter.

Gagneroit des combats marchant à mon
  costé,
On dit bien gagner vne bataille,
mais on ne dit point, il a gagné le
combat.

Parlons en mieux le Roy fait honneur à

voftre aage.

La cefure manque à ce vers.

Le premier dont ma race ait veu rougir
   fon front,

Ie trouue que le front d'vne race,
eft vne affez eftrange chofe : il ne
falloit plus que dire , les bras de
ma lignee ; & les cuiffes de ma po-
fterité.

Qui tombe fur fon chef, reiallir fur fon
   front:

Cette façon de dire le chef, pour la
tefte , eft hors de mode : & l'Autheur du Cid a tort d'en vfer fi fouuent.

Au furplus, pour ne te point flatter,

Ce mot de furplus eft de Chicane,
& non de Poëfie, ny de la Cour.

Se faire vn beau rampart , de mille fune-
   railles,

I'aurois bafti ce rampart de corps
morts, & d'armes brifees , & non

pas de funerailles : cette phrafe eft extrauagante, & ne veut rien dire.

Plus l'offenceur eft cher,

Ce mot d'offenceur n'eft point François : & quoy que fon Autheur fe croye affez grand homme pour enrichir la langue, & qu'il vfe fouuent de ce terme nouueau, ie penfe qu'on le renuoyera auec Ifnel.

A mon aueuglement, rendez vn peu de iour.

On ne peut rendre le iour à l'aueuglement, mais ouy bien à l'aueugle.

Allons mon ame, & puis qu'il faut mourir,

I'aimerois autant dire, allons moy-mefme, & puis qu'il faut mourir : cette exclamation n'a point de fens.

Respecter vn amour dont mon ame efgaree,

Void la perte asseuree,

Ce mot d'esgarée n'est mis que
pour rimer, & n'a nulle significa-
tion en cet endroit.

Ie rendray mon sang pur,comme ie l'ay
receu:

Ie ne sçay dans quel Aphorisme
d'Hipocrate, l'Autheur a remarqué,
qu'vne mauuaise action corrompt
le sang: mais contre ce qu'il dit, ie
croy plus raisonnablement, que
Rodrigue l'a tout bruslé, par cette
noire melancholie qui le possede.

Ce grand courage cede,

Il y prend grande part,

Vn si grand crime,

Et quelque grand qu'il fust,

Pour vn grand Poete,voila bien des
grandeurs qui se touchent.

Pour le faire abolir sont plus que suffisãs,

Sont plus que suffisans, est vne façon de parler basse & populaire,

qui ne veut rien dire : non plus
qu'vne autre dont il fe fert quand
il dit,

faire l'impoſſible,

A le bien prendre, c'eſt ne vouloir
rien faire, que de vouloir faire, ce
qu'on ne peut faire. On pardonne
ces fautes, aux petites gens qui s'en
feruent, mais non pas aux grands
Autheurs, tel que le croit eſtre celui
du Cid. Il dit parlant de la querelle
de Don Diegue.

Elle à fait trop de bruit pour ne pas s'ac-
corder,

il faut dire pour n'eſtre pas accor-
dée, car elle ne s'accorde point elle
meſme.

Les hommes valeureux, le font du premier
coup,

Ce premier coup, eſt vne phraſe
trop baſſe pour la Poeſie.

Vous laiſſez choir ainſi ce glorieux

courage.

Faire choir vn courage, n'eſt pas proprement parler.

Si deſſous ſa valeur, ce grand guerrier
s'abat,

Outre que cette parole de s'abat, a le ſon trop approchant de celuy du Sabat, il falloit dire eſt abatu, & non pas s'abat.

Le Portugal ſe rendre, & ſes nobles
iournees,

Porter de là les mers ſes hautes deſtinees,
Il falloit dire ſes grands exploits, car ſes nobles iournées ne diſeht rien qui vaille.

Au milieu de l'Afrique arborer ſes lau-
riers.

Le mot d'arborer fort bon pour les Eſtandars, ne vaut rien pour les arbres, il falloit y mettre planter.

Pleurez, pleurez mes yeux, & fondez
tout en eau,

K

La moitié de ma vie,a mis l'autre au
*   tombeau,*

Et m'oblige àvëger,apres ce coup funeſte,
Celle que ie n'ay plus, ſur celle qui me
*   reſte,*

Ces quatre vers, que l'on a trouuez
ſi beaux, ne ſont pourtant qu'vne
hapelourde : car premierement ces
yeux fondus, donnent vne vilaine
idée à tous les eſprits delicats.   On
dit bien fondre en larmes, mais on
ne dit point fondre les yeux.   De
plus,on appelle bien vne Maiſtreſſe
la moitié de ſa vie, mais on ne
nomme point vn pere ainſi.   Et
puis dire que la moitié d'vne vie, a
tué l'autre moitié, & qu'on doit
venger cette moitié , ſur l'autre
moitié, & parler & marcher auec
vne troiſieſme vie, apres auoir per-
du ces deux moitiez, tout cela n'eſt
qu'vne fauſſe lumiere, qui esblouït

l'efprit de ceux qui fe plaifent à la
voir briller.

Il defchire mon cœur, fans partager mon
   ·ame,

Ce vers n'eft encor à mon aduis
qu'vn galimathias pompeux : car
le cœur & l'ame, font tous deux pris
en ce fens, pour la partie où refident
les paffions.

Quoy, du fang de mon pere encor toute
   trempee:

Ce vers me fait fouuenir, qu'il y en
a vn autre tout pareil qui dit,

Quoy, du fang de Rodrique encor toute
   trempee!

Cette conformité de mots, de rime
& de penfée, monftre vne grande
fterilité d'efprit.

   Mais fans quitter l'enuie.

Il falloit dire fans perdre l'enuie, ce
mot de quitter n'eft pas en fon
lieu.

Aux traits de ton amour, ni de ton de-
  ſeſpoir:

Ce mot de trait, en cette ſignifica-
tió eſt populaire, & s'il euſt dit aux
effets, la Phraſe euſt eſté bien plus
noble.

Vigueur, vainqueur, trompeur, peur,

Ce ſont quatre fauſſes rimes, qui ſe
touchent, & qu'vn eſprit exact ne
doit pas mettre ſi pres.

Ma crainte eſt diſſipee, & mes ennuis
  ceſſez,

Ce n'eſt point parler François, on
dit finis, ou terminez, & le mot de
ceſſez, ne ſe met iamais comme il
eſt là.

Ou fut iadis l'affront que ton courage
  efface.

Ce iadis ne vaut rien du tout en cét
endroit : par ce qu'il marque vne
choſe faite il y a long-temps, &
·nous ſçauons qu'il n'y a que quatre

ou cinq heures, que Don Diegue à
receu le foufflet dont il entéd parler.

& le fang qui m'anime,

L'Autheur n'eſt pas bon Anatho-
miſte : ce n'eſt point le fang qui
anime, car il a befoin luy meſme
d'eſtre animé, par les efprits vitaux
qui ſe forment au cœur , & dont il
n'eſt (pour vfer du terme de l'Art)
que le veicule.

leur brigade eſtoit preſte,

Cinq cens hommes eſt vn trop
grand nombre , pour ne l'appeller
que brigade : il y a des Regimens
entiers, qui n'en ont pas d'auantage: & quand on ſe pique de vouloir
parler des choſes , ſelon les termes
de l'Art, il en faut ſçauoir la verita-
ble ſignification , autrement , on
paroit ridicule , en voulant paroiſtre ſçauant.

Tant à nous voir marcher en ſi bon eſqui-

page,

C'eſt encor parler de la guerre en
bon bourgeois qui va à la garde:au
lieu de ce vilain mot d'eſquipage,
qui ne vaut rien là,il falloit dire en
ſi bon ordre.

Sortir d'vne bataille,& cōbatre à l'inſtāt
Tout de meſme,ce combat des Mo-
res fait de nuict , n'eſtoit point vne
bataille.

Que ce ieuneSeigneur endoſſe le harnois,
Ce jeune Seigneur qui endoſſe le
harnois, eſt du temps de moult , de
pieca, & d'aincois.

Et leurs terreurs s'oublient.
Cela ne vaut rien : on doit dire,fi-
niſſent, ceſſent , ou ſe diſſipent : car
ces terreurs qui s'oublient elles meſ-
mes , ne ſont qu'vn pur galimathias.

Contrefaites le triſte.
Ce mot de contrefaites eſt trop pas

pour la Poefie, on doit dire, feignés
d'eftre trifte. Il y a encor cent fautes pareilles dans cette Piece, foit
pour la phrafe, ou foit pour la conftruction : mais fans m'arrefter dauantage, ie veux paffer de l'examen
des vers, à la preuue des larcins, auffi toft que pour monftrer, comme
cét Autheur eft fterile, i'auray fait
remarquer combien de fois dans
fon Poëme, il a mis les pauures lauriers fi communs, voyez le, ie vous
en fupplie.

Ils y prennent naiffance au milieu des
*   lauriers,*
Laurier deffus laurier, victoire fur vi-
*   ctoire,*
Que pour voir en vn iour fleftrir tant de
*   lauriers,*
Tout couuert de lauriers, craignez encor
*   la foudre,*

Mille & mille lauriers, dont sa teste est
couuerte,

Au milieu de l'Afrique arborer ses lau-
riers.

I'iray sous mes Cyprez, accabler ses lau-
riers,

Le chef au lieu de fleurs, couronné de
lauriers,

Luy gagnant vn laurier, vous impose si-
lence.

La derniere partie de mon Ouurage, ne me donnera pas plus de peine que les autres. Le Cid est vne
Comedie Espagnole, dont presque tout l'ordre, Scene pour Scene, & toutes les pensees de la Fran-
çoise sont tirées: & cependant, ny
Mondory, ny les Affiches, ny l'Im-
pression, n'ont appellé ce Poëme, ny
traduction, ny paraphrase, ny seulement imitation : mais bien en ont-
ls parlé, comme d'vne chose qui
feroit

seroit purement , à celuy qui n'en
est que le traducteur; & luy-mesme
a dit (comme vn autre a desia remarqué.)
Qu'il ne doit qu'à luy seul , toute sa re-
      nommee.

Mais sans perdre vne chose si pre-
cieuse que le temps , trouuez bon
qne ie m'aquite de ma promesse , &
que ie fasse voir que i'entends aussi
l'Espagnol :

      De mis hasagnas escritas,
      daré al prencipe vn translado,
      Y aprendera en lo que hise ,
      Sino aprende en lo que hago.
Pour s'instruire d'exemple en desspit de
      l'enuie,
Il lira seulement l'histoire de ma vie.

      Esse sentimiento adoro,
      Essa colera me agrada !
            Agreable colere,
Digne ressentiment à ma douleur bien
      doux !

                    L

Laua; laua con sangre,
Porque el honor que se laua,
Con sangre se ha de lauar.
Ce n'est que dans le sang , qu'on laue vn
tel outrage,
Poderoso es el contrario,
Ie te donne à combatre , vn homme à re-
douter.
A qui ofensa , y ausi espada,
Enfin tu sçait l'affront , & tu tiens la
vengeance,
No tengo mas que de zirte,
Ie ne dis plus rien,
Y voy allorar affrentas,
Accablé des malheurs ou le destin me
range,
Je m'en vay les pleurer,
Mi padre el offendido(estragna pena)
Y el offensor, el padre de Ximena.
O Dieu l'estrange peine!
En cet affront, mon pere est l'offincé,
Et l'offenseur , le pere de Chimene !
Confiesso que fue locura,
Ma no la quiero emendar :

*Ie l'aduoüe entre nous , quand ie luy fis
l'affront,*

*J'eus le fang vn peu chaut , & le bras vn
peu promp,*

*Mais puis que s'en eſt fait , le coup eſt
fans remede.*

Que los hombres como yo,
Tienen mucho que perder.

*Un iour feul ne perd pas , vn homme tel
que moy,*

Y ha de perderfe Caſtilla,
Antes que yo,

*Tout l'Eſtat perira , deuant que ie pe-
riſſe.*

R.

Conde:

G.

Quienes?

R.

A eſta parte,
Quiero dezirte quien foy.

G.

Que me quieres?

R.

Quiero hablarte.

L ij

A quel vieio que eſta a parte,
Sabes quien es?

G.

Y a lo ſé.

Porque lo diſes?

R.

Porque?

Habla baxo, eſcucha.

G.

Di.

R.

No ſabes que fue deſpoio
De honra, y vallor?

G.

Si ſeria,

R.

Y que es ſangre ſuya, y mia,
La que yo tengo en el oio,
Sabes,

G.

Y el ſabellos,

Que ha de impottar?

R.

Si vamos a otro lugar,
Sabras lo mucho que importa.

R.

A-moy Comte, deux mots,

85

G.

Parle,

R.

Oste moy d'vn doute,
Connois-tu bien Don Diegue ?

G.

Ovy,

R.

Parlons bas , escoute,
Sçais-tu que ce viellard, fut la mesme
vertu,
La vaillance & l'honneur de son temps,
le sçais-tu ?

G.

Peut-estre:

R.

Cette ardeur que dans les yeux
ie porte,
Sçais-tu que c'est son sang, le sçait-tu ?

G.

Que m'importe ?

R.

A quatre pas d'icy, ie te le fais sçauoir.

L iij

Como la offenſa ſabia,
Luego cay en la venganca.
Des que i'ay ſceu l'affront, i'ay preueu la
  vengeance.
Iuſtitia, Iuſtitia pido,
Sire, Sire, luſtice,
  Seignor mi padre he perdido,
Il a tué mon pere
  Seignor mi honor he cobrado.
  Il a vangé le ſien.
  Que me hablo,
  Por la boca de la herida,
    Me parloit par ſa playe,
Par cette triſte bouche, il empruntoit m a
  voix,
  Y eſcriuio,
  Con ſangre my obligation.
Son ſang ſur la pouſſiere, eſcriuoit mon
  d·uoir,
  Caſtigar en la Cabeça,
  Los delitos de la mano,
Quand le bras a failly, l'on en punit la
  teſte.
  Que mi ſangre ſaldra limpio,

Ie rendray mon ſang pur,
   Soſſiegate Ximena,
Prends du repos ma fille,
   My llanto Creçe,
    C'eſt croiſtre mes malheurs,
   Que has hecho Rodriguo?
   Rodrigue qu'as-tu fait,
   No mataſte al Conde?
Quoy viens-tu iuſqu'icy brauer l'ombre
   du Comte,
Ne l'as-tu pas tué?
   Importauale a my honor,
Mon honneur de ma main a voulu cet
   effort,
   Quando fue caſa del muerto,
   Sagrado del matado?
Mais chercher ton aZile, *en la Maiſon*
   du mort?
Iamais vn meutrier, *en fit il ſon re-*
   fuge?
   Ximena eſta
   Cerca Palacio, y vendra
   Acompagnada,
Chimene eſt au Palais,

             L iiij

Et n'en reuiendra point que bien accom-
pagnee.

Hay affligida,
Que la mitad de my vida,
Ha muerto la otra mitad.
Al vengar,
De my vida la vna parte,
Sin las dos he de quedar.

Pleurez, pleurez mes yeux, & fondez
vous en eau,

La moytié de ma vie, a mis l'autre au
tombeau,

Et m'oblige à venger, apres ce coup fu-
neste,

Celle que ie n'ay plus, sur celle qui me
reste.

Te de el gusto de matar me,
Sin la pena del seguirme.

Et bien, sans vous donner la peine de
pourfuiure,

Soulez vous du plaisir de m'empescher
de viure.

Rodriguo, Rodrigo, en my casa
Rodrigue

Rodrigue en ma *Maison*, Rodrigue deuant moy.

Escucha,

Escoute moy,

Muero,

Je me meurs,

Solo quiero,
Que en oyendo lo que digo,
Respondas con este azero.

Quatre mots seulement,
Apres ne me responds qu'auecques cette
espee :

Con tal fuerça que tu amor,
Puso en duda my venganca,
Mas en tan gran desuentura,
Lucaron à my depescho,
Contrapuestos en my pecho,
My affrenta con tu hermosura :
Y tu Segnora vencieras,
A no hauer imaginado,
Que affrentado,
Por infame aborrecieras,
Quien quisiste por honrado.

Ma flame assez long-temps n'ait comba-
tu pour toy :

M

Iuge de fon pouuoir, dans vne telle of-
fence,
I'ay peu douter encor, fi i'en prendrois
vengeance,
Reduit à te defplaire, ou fouffrir vn af-
front,
I'ay retenu ma main, i'ay creu mon bras
trop prompt,
Ie me fuis accufé, de trop de violence,
Et ta beauté fans doute emportoit la ba-
lance,
Si je n'euffe oppofé, contre tous tes ap-
pas,
Qu'vn homme fans honneur ne te me-
ritoit pas:
Qu'apres m'auoir chery, quand ie viuois
fans blame,
Qui m'aima genereux, me hairoit infa-
me.
No te doy la culpa a ti.
De que defdicha da foy.
Ie ne t'accufe point, ie pleure mes mal-
heurs.

Que en venganca a tu affrenta,
Como Cauallero hisiste.

Tu n'as fait le deuoir , que d'un homme
de bien,

Disculpara my decoro,
Con quien piensa que te adoro,
El saber que te persigo.

Et ie veux que la voix de la plus noire
enuie,

Esleue au Ciel ma gloire , & pleigne mes
ennuis,

Sçachant que ie t'adore, & que ie te pour-
suis.

Mas soy parte,
Para solo per seguirte,
Pero no para matarte.

Va ie suis ta partie , & non pas ton bour-
reau,

Pues tu rigor que hazer quiere?

A quoy te resouds. tu ?

Por my honor he de hazer ,
Contra ti quanto pudiere ,
Deseando no poder.

Malgré des feux si beaux , qui rompent
ma colere,

M ij

Je feray mon possible à bien venger mon
  pere,
Mais malgré la rigueur d'vn si cruel de-
  uoir,
Mon vnique souhait, est de ne rien pou-
  uoir,
  Hay Rodrigo quien pensara!
Rodrigue qui l'eut cru!
  Hay Ximena quien dixera!
            Chimene qui l'eust dit!
  Que my dicha se acabara:
Que nostre heur fut si proche & si tost se
  perdit,
  Vete, y mira a la salida
  No te vean:
Adieu, fors, & sur tout, garde bien
  qu'on te voye.
  Quedate y veme muriendo:
Adieu, ie vay traisner vne mourante
  vie.
  Aliento tomo,
  Para en tus alabanças empleallo.
Laisse moy prendre haleine, afin de te
  loüer.

Brauamente prouaſte, bien lo hiſiſte,
Bien mis paſſados brios imitaſte.

Ma valeur n'a point lieu de te deſad-
uoüer,

Tu l'as bien imitee:

Toca las blãcas canas que me hontaſte,
liega la tierna boca a la mexilla,
Dõde la mancha de my honor quitaſte,

Touche ces cheueux blancs, à qui tu rends
l'honneur.

Viens baiſer cette ioüe, & reconnois la
place,

Ou fut iadis l'affront, que ton courage ef-
face.

A quien como la cauſa ſe attribuya,
Si hay en my algun valot y fort alleza

L'honneur vous en eſt deu, les Cieux me
ſont teſmoins,

Qu'eſtant ſorty de vous, ie ne pouuois pas
moins.

Tanto a tribulo vn plazer,
Como congoxo vn peſar.

On ſe paſme de ioye, ainſi que de tri-
ſteſſe.

Apres cé que vous venez de voir,
jugez (Lecteur) ſi vn Ouurage dont
le ſujet ne vaut rien, qui choque les
principales regles du Poëme Dramatique, qui manque de jugement
en ſa conduite, qui a beaucoup de
meſchants vers , & dont preſques
toutes les beautez ſont deſrobées,
peut legitimement pretendre, à la
gloire de n'auoir point eſté ſurpaſ-
ſé , que luy attribuë ſon Autheur,
auec ſi peu de raiſon ? peut eſtre ſe-
ra-t'il aſſez vain, pour penſer que
l'enuie m'aura fait eſcrire , mais ie
vous coniure de croire, qu'vn vice
ſi bas n'eſt point en mon ame : &
qu'eſtant ce que ie ſuis, ſi i'auois de
l'ambition, elle auroit vn plus haut
obiet, que la renommee de cét Autheur. Au reſte , on m'a dit qu'il
pretend en ſes reſponces, examiner
les œuures des autres, au lieu de taſ-

cher de iuſtifier les ſiennes : mais
outre que cette procedure n'eſt pas
bonne , nos erreurs ne le pouuant
pas rendre innocent , ie veux le re-
leuer de cette peine pource qui me
regarde , en aduoüant ingenu-
ment , que ie croy qu'il y a beaucoup de fautes dans mes Ouurages , que ie ne voy point , &
confeſſant meſme à ma honte,
qu'il y en a beaucoup que ie voy, &
que ma negligence y laiſſe. Auſſi ne
pretend-je pas faire croire que ie
ſuis parfait , & ne me propoſe autre fin, que de monſtrer qu'il ne
l'eſt pas tant qu'il le croit eſtre. Et
certainement , comme ie n'aime
point cette guerre de plume, i'aurois caché ſes fautes , comme ie cache ſon nom & le mien, ſi pour la
reputation de tous ceux qui font
des vers , ie n'auois cru que i'eſtois

obligé, de faire voir à l'Autheur du
CID, qu'il fe doit contenter de
l'honneur, d'eftre Citoyen d'vne fi
belle Republique, fans s'imaginer
mal à propos, qu'il en peut deuenir
le Tiran.

FIN.

www.ingramcontent.com/pod-product-compliance
Lightning Source LLC
Chambersburg PA
CBHW052138090426
42741CB00009B/2136